# LE COMTE
# ARMAND DE PONTMARTIN

## ÉTUDE LITTÉRAIRE

par

M. le Conseiller Eugène TAVERNIER

Ancien Président et Membre de l'Académie d'Aix

*Membre correspondant de l'Académie de Nîmes*

*et de la Société des Langues Romanes de Montpellier.*

AIX

IMPRIMERIE ILLY-BRUN, RUE MANUEL, 20

*Garcin et Didier, successeurs.*

1890

# LE COMTE

# ARMAND DE PONTMARTIN

En écrivant ces pages sur un homme supérieurement distingué de notre région provençale qui vient de disparaître, j'obéis à un double sentiment : l'un est purement personnel. M. de Pontmartin a charmé ma jeunesse, et je lui suis reconnaissant des douces émotions que ses écrits m'ont causées à un âge où les impressions laissent une trace ineffaçable et des souvenirs qu'on aime toujours à se rappeler. L'autre sentiment est d'un ordre plus élevé et mérite d'être justifié par un jugement impartial et mieux motivé. M. de Pontmartin, quelle que soit l'appréciation portée sur son œuvre considérable par la variété, la qualité et le nombre de ses productions, occupait, depuis cinquante ans, dans les lettres françaises, comme critique et aussi comme romancier, un rang des plus honorables.

Champion convaincu d'une cause éminemment digne de respect, il a été, en dehors de ses écrits politiques, mêlé activement à la vie littéraire, au mouvement intellectuel de son époque. Il a excité de vives et illustres amitiés, en même temps qu'il a encouru dans le public des lettres, des animosités, des colères oubliées aujourd'hui, mais qui eurent, il y a près de trente ans, du retentissement.

Je voudrais, sans trop fatiguer le lecteur, résumer cette longue vie où jusqu'au dernier jour M. de Pontmartin se servit avec courage de sa plume féconde. Sa plume, ai-je dit ? Non. M. de Vogué (1) en des termes sympathiques à sa mémoire (il se qualifie son disciple), malgré de grandes réserves sur ses idées, se représente son vieil ami comme sonnant *sans trève, douloureusement* de l'olifant à demi brisé, trouvé par lui sur le champ de bataille qui a vu tomber ses chevaliers préférés. M. de Pontmartin ne serait donc qu'un survivant des anciens âges ayant fait entendre toute sa vie la même plainte en l'honneur des héros disparus. Le son harmonieux et mélancolique du cor est une image qui, n'en déplaise au jeune et brillant académicien, ne me paraît pas devoir s'appliquer exactement à M. de Pontmartin pour caractériser le rôle joué par lui comme écrivain.

J'aime mieux Mistral, disant dans ses *Iles d'Or* à son compatriote : « Dans tes livres diamantés, ta plume d'or vaut une épée (2). » M. de Pontmartin est un vaillant qui a combattu plus qu'il n'a sonné de l'olifant. Il est vrai, il n'a pas vaincu. Mais le succès seul donne-t-il le mérite ? Qu'importe donc ! Ses efforts ont été constants, il a soutenu de toute la force de son esprit ce qui, à ses yeux, devait relever le pays, le beau comme le bien. Il n'a jamais courbé la tête devant les puissants du jour, et avec son imagination d'artiste, ses goûts de dilettante, sa verve parfois caustique et son ironie, il n'a flagellé que les forts, protégeant les faibles, les

(1) Journal des *Débats* du 4 avril 1890.

(2) *Lis Isclo d'Or*, de Frédéric Mistral, page 447.

proscrits, les victimes, non contre la violence matérielle qu'ils subissaient, mais contre les outrages de leurs persécuteurs. Gentilhomme, armé de toutes pièces, on le devinerait à son allure, à la façon dont il se pose (nous ne dirons pas dont il pose, il est trop naturel), alors même qu'il ne le rappellerait pas quelquefois, trop souvent peut-être. Ne le regrettons pas : s'il a certains défauts, ce sont les défauts de ses qualités : s'il est par moments trop personnel, susceptible à l'excès, légèrement dédaigneux, d'une impressionnabilité irritable, il est toujours fidèle, en écrivant et dans la direction de sa vie, aux nobles impulsions de son âme, au courage, à la franchise, au respect de ce qui est digne d'hommage, à l'honneur, cette première vertu du gentilhomme.

Au sortir du collège Saint-Louis, où ses succès, aux concours généraux, l'avaient signalé comme un élève d'avenir, il vit, à Paris, les derniers mois de la Restauration. Il respira avec bonheur cette atmosphère intellectuelle qui le passionna pour les arts et les lettres, et laissa dans son esprit une ardeur qui ne s'éteignit pas. Après 1830, d'honorables scrupules lui fermaient toute carrière officielle. Il revint en Provence, à Avignon au château paternel. Les luttes électorales ne tardèrent pas à donner un aliment à son activité : il s'essaya dans les feuilles légitimistes d'Avignon, et à Marseille, dans la *Gazette du Midi*, où l'on se souvient encore de ses débuts déjà si remarqués. Sa vocation littéraire se dessina bientôt dans ce noviciat intermittent ; il voulut dès lors faire usage plus fréquemment de ses dons naturels, et singulière bizarrerie ! ce fut la rencontre de Prosper Mérimée chez son ami Requien, à Avignon, qui indirectement, il est vrai, l'entraîna dans sa vraie voie. Il était écrit que le Comte de Pontmartin deviendrait homme de lettres, et ce fut le choc de l'esprit de Mérimée, si peu de la même famille que le sien, avec sa jeune imagination qui produisit l'étincelle. Dès lors, le germe fut fécondé et ne tarda pas à se développer et à donner ses fruits. Il est vrai que Madame Dorval, de passage à Avignon, suivit de près la visite de Mérimée, et que l'enthousiasme de notre dilettante, excité par la célèbre interprète des œuvres dramatiques en renom, fit mieux encore que les railleries sceptiques et les libres propos de l'auteur de *Colomba*.

Déjà la *Quotidienne* publiait des articles envoyés d'Avignon où M. de Pontmartin affirmait ses prédilections littéraires et sa foi religieuse et politique. M. le vicomte Walsh, de passage dans la ville des papes, n'eut pas de peine à l'entraîner à Paris où il dirigeait la *Mode*, organe légitimiste, pour se l'attacher comme collaborateur. Le jeune Comte a donc le pied à l'étrier et le champ libre dans la *Quotidienne* et la *Mode*. Il ne s'épargne pas ; on lit ses articles, son nom commence à être connu et goûté, il noue des relations suivies avec les gens de lettres. Le voilà, vivant enfin de cette vie de la poésie et de l'art, qu'il a longtemps rêvée et qu'il chérira alors même qu'il voudra la maudire ; car, les mécomptes qu'il y subira pourront bien le ramener sur les bords du Rhône, mais il aura toujours la nostalgie de ce Paris si cruel, mais si séduisant pour sa nature d'artiste.

Le mirage de cette vie l'attira, l'éblouit. La bohême qui confine de si près à la littérature dut bien effrayer un peu sa complexion aristocratique et délicate ; il ne s'y mêla pas et ne fit que l'entrevoir dans ses représentants les plus convenables. C'était pour lui l'épreuve de l'initié. La ferveur du néophyte ne l'empêcha pas de trouver que l'atmosphère de l'estaminet était peu favorable à ses poumons, habitués à un air plus sain, et le soir pour se dédommager de certains déjeûners près des barrières, subi plutôt que recherché, il allait dîner au faubourg Saint-Germain chez sa cousine la

Duchesse et entendre aux Italiens Rubini, Lablache, ou la sœur de la tant regrettée Malibran, Pauline Garcia.

Son ami, Jules Sandeau, le présenta, vers 1845, à Buloz, et grâce à cet aimable patronage, il fut sans peine admis à la *Revue des Deux-Mondes* où il publia des Nouvelles et des articles de critique. Peu de temps après, honneur bien recherché, il y fut chargé de la chronique littéraire en même temps que Saint-Marc Girardin rédigeait la chronique politique. C'est l'époque de sa lune de miel littéraire. Il n'a point encore senti l'épine sous la rose.

La Révolution de 1848 vint comme la foudre troubler cette existence de jouissances intellectuelles. Le théâtre italien est fermé, M. de Pontmartin fait régulièrement et avec bravoure son service de garde national. Le danger est grand, l'avenir plus sombre encore que l'heure présente, M. de Pontmartin ne s'est point amolli dans ses délices artistiques. Il est plus prêt que jamais pour la lutte. Avec Alfred Nettement, il fonde le journal l'*Opinion publique*, et tous les jours, après ses heures de garde, il y écrit fièvreusement, tout en collaborant à la *Mode*, des improvisations vives et chaudes pour conjurer le péril social.

Quoique chargé spécialement de la partie littéraire dans l'*Opinion publique*, il envahit souvent le terrain de son confrère Nettement. Comment ne pas parler politique à la veille des barricades, au lendemain des journées de juin. M. de Pontmartin sent trop vivement son cœur blessé comme la France par tous ces bouleversements sociaux, il est trop nourri de souvenirs, de traditions se rattachant à notre histoire pour retenir sa plume quand son ardeur et son amour pour son pays l'entraînent.

Au point de vue de sa réputation d'écrivain, il n'avait rien perdu à se produire dans cette brûlante atmosphère. Son talent avait grandi. C'était de l'improvisation sans efforts, mais on sentait une âme, et aussi comme le tranchant d'une épée qui n'était plus contenu par le fourreau. Son style jeune, vif, imagé, ses opinions franchement exposées, l'antithèse entre ses sentiments traditionnels en politique et son attitude de novateur en littérature donnèrent à ses écrits une saveur particulière.

Vingt-deux ans plus tard, il devait plus chaleureusement encore, oubliant sa plume de *causeur*, se livrer aux appréciations politiques. Avec des accents émus, il soutient les courages, pleure nos soldats, s'indigne de l'invasion, des causes qui l'ont produite, des crimes de la Commune et demande instamment au pays de restaurer nos institutions séculaires s'il ne veut pas périr. Ces divers articles de polémique, parus en province pendant les deux sièges de Paris, il les a réunis dans deux volumes : *Lettres d'un intercepté* et *Le Radeau de la Méduse*. Si nous rapprochons ces deux époques, au mépris de la chronologie, c'est que les douloureuses épreuves de la France inspirèrent à M. de Pontmartin les mêmes élans de patriotisme. Son éloquence entraîne, car elle est animée par sa foi, et sa foi est soutenue et fortifiée par l'espérance.

Le coup d'Etat de décembre 1851 supprima l'*Opinion publique*. M. de Pontmartin ne se repose pas : il publie ses travaux littéraires dans la *Revue des Deux-Mondes*, la *Revue contemporaine*, un peu plus tard dans le *Correspondant*. En même temps, dans le journal l'*Assemblée nationale*, il commence cette longue série des *Samedis* ; pendant près de quarante ans, il l'a continuée, un moment, dans l'*Union* après la suppression de l'*Assemblée nationale* en 1857 (car décidément le gouvernement d'alors n'aimait pas la prose de M. de Pontmartin), puis dans la *Gazette de France*.

C'est une intéressante encyclopédie de littérature contemporaine que ces *Samedis* se renouvelant pendant une si longue période. Les articles sont vivants d'actualité : le livre nouveau à sensation est sur le champ l'objet d'une appréciation sympathique ou sévère. Notre auteur écrit purement et avec élégance la vraie langue française, mais son style a trop d'exhubérance. On voudrait un peu de concision, des périodes moins longues et moins fréquentes. L'haleine ne manquait jamais au charmant causeur, mais le lecteur la perd quelquefois à le suivre. Si un certain lyrisme mitigé ajoute du prix à la pensée nettement exprimée, il ne faut pourtant pas outrer ce souffle. M. de Pontmartin abuse de la personnalité. Il a publié vers la fin de sa vie deux volumes de *Mémoires* : nous les connaissions déjà par ses précédentes productions. Ses *Samedis*, ses *Semaines littéraires*, ses *Souvenirs d'un vieux critique*, les *Jeudis de Mme Charbonneau*, ce sont des confidences constantes sur ce qu'il a fait, vu, entendu, sur le monde où il a vécu, toutes choses fort intéressantes d'ailleurs, mais qu'il a trop répétées toutefois. M. de Pontmartin sait ce qu'il veut dire, il le dit bien, mais surabondamment. La netteté de l'idée s'obscurcit alors dans l'abus des énumérations et des épithètes. Soyons justes pourtant, dans bien des cas cette abondance dénote une richesse de nature, et sans elle, la verve s'émousserait : nul ne serait éloquent s'il n'était que concis.

Sainte-Beuve a reproché à notre causeur de n'être pas un érudit et d'ignorer même le latin. Érudit dans le sens strict du mot, il ne l'était pas, mais son esprit était très cultivé. Quant au latin, il l'avait bien su autrefois, et ses souvenirs le servaient heureusement : à l'occasion, sans pédantisme, il citait à propos Ovide, Horace et Virgile. Son étude sur Catulle donnerait tort à Sainte-Beuve.

Nous voudrions caractériser par quelques traits particuliers la physionomie singulièrement originale du critique. Il a tant écrit (nous nous garderions de dire trop) qu'on pourrait avec quelque malice lui reprocher des variations dans ses jugements sur les personnes. Il n'a jamais varié sur les principes, et il est resté immuable dans sa foi religieuse, politique et littéraire.

Inébranlable dans ses convictions catholiques, il a toujours défendu les dogmes et la morale de l'Eglise. Il est demeuré l'ami particulier de Mgr Dupanloup et du comte de Montalembert. A toutes les époques, les écrits et la personne de Louis Veuillot lui ont inspiré des sentiments de haute estime : il a même pardonné au fougueux directeur de l'*Univers* qui l'avait un jour qualifié d'*aimable*. Aux yeux de M. de Pontmartin, cette épithète un peu dédaigneuse, diminuait par trop le rôle actif rempli par notre auteur et, par là, sa valeur personnelle. Après avoir eu, dans un moment de surexcitation, des paroles amères sur M. de Falloux, il lui a, bien avant sa mort, pleinement rendu justice, en reconnaissant non-seulement ses grandes qualités d'orateur et d'homme d'Etat, mais les éminents services rendus par lui à la religion et à la liberté (1).

(1) Voir SEMAINES LITTÉRAIRES, *Gazette de France* du 8 décembre 1883, un éloquent entretien sur la correspondance de Louis Veuillot, le rapprocher d'une étude sur le comte de Falloux du 13 mai 1882 *(Gazette de France)*. Ces *Samedis* font le plus grand honneur à la haute sagacité, à l'appréciation éclairée du *causeur* vis-à-vis de ces deux illustres champions d'une même cause, dont les dissidences sur certains points s'accentuèrent et s'envenimèrent malheureusement trop longtemps. M de Pontmartin les admire tous deux en signalant leurs titres divers et leurs éminentes qualités. C'est le propre d'un esprit supérieur de s'élever au-dessus des faiblesses inhérentes à l'humanité et de regrettables rancunes. L'opinion de tous ceux que n'égare pas la passion a déjà ratifié le jugement de notre auteur sur ces deux grandes figures contemporaines.

En politique, M. de Pontmartin veut la Monarchie traditionnelle et libérale. Ses prédilections sont surtout acquises aux hommes qui, à un sincère dévouement à la liberté véritable, unissent un respectueux attachement à notre passé monarchique. Depuis 1848, il est partisan de la fusion, et cela s'harmonise avec les jugements équitables qu'il a constamment portés sur les membres de la branche cadette. Il n'a cessé de redire en d'autres termes, mais s'associant à la pensée de l'illustre orateur, le mot éloquent de Berryer, défendant en 1858 M. de Montalembert devant la police correctionnelle : « Les fils du roi Louis-Philippe et de la reine Amélie étaient tous des héros, et leurs filles des saintes. » Aussi, jeune ou vieux, le critique redira toujours avec conviction et loyauté, après comme avant le mois d'août 1883 : le Roi est mort, vive le Roi !

Au point de vue littéraire, notre auteur a subi l'empreinte du romantisme à son aurore. Il est resté constant dans l'admiration ressentie par son âme en présence de ces chefs-d'œuvre de la poésie, de l'art et de l'éloquence que l'atmosphère de la Restauration favorisa et développa. Son enthousiasme de vingt ans, un peu exclusif à cette époque, sans se refroidir se modéra bientôt. Il entrevit de bonne heure la déviation de ce mouvement, et déplora les exagérations et les licences artistiques et morales dans lesquelles tombèrent ses auteurs préférés. Les immortelles figures du grand siècle le reconquirent, à l'exception de Boileau qu'il ne comprit jamais, et qu'il place, bien à tort, au-dessous de Delille.

Quelques noms rappelés par nous indiqueront ses préférences et l'originalité de sa critique. Voltaire, il ne peut avoir que de l'antipathie pour ses doctrines, il le combat chaque fois qu'il le rencontre sous sa plume (1). Mais lorsqu'un M. Ni-

(1) Voir *Nouveaux Samedis*, 15e série, page 384, son étude si piquante

colardot l'attaquera sans sel, maladroitement, par ses petits côtés et pour des notes de cuisinière ou d'épicier, alors il s'indigne, contre Voltaire? non, contre Nicolardot. Il dirait volontiers à cet inepte et peu lettré pamphlétaire en modifiant légèrement un vers de La Fontaine :

*Que l'esprit soit toujours camarade du vrai.*

Ce jour-là, M. de Pontmartin s'est trouvé défendre Voltaire.

L'influence que Châteaubriand exerça sur toutes ses facultés, alors qu'il sortait de Saint-Louis, ne s'est pas sensiblement modifiée. Il écrit à l'âge de soixante-dix ans ses *Souvenirs de Jeunesse*, et il dit. « Châteaubriand personnifiait avec un « éclat et un prestige incomparables notre politique, notre « poésie, nos aspirations libérales...., tout, jusqu'aux visions « romanesques qui troublaient notre sommeil. Nos imagi- « nations s'enivraient de son génie.... Et sa politique, elle « répondait admirablement aux idées libérales que nous « respirions avec l'air.... Sans doute, il est facile, à un demi- « siècle de distance, de le juger et de le condamner, si on « attribue à la colère de cet Achille, retiré sous la tente des « *Débats*, une part dans la Révolution de Juillet.... Mais « franchement Agamemnon n'était-il pas quelque peu cou- « pable. » S'il blâme l'opposition excessive et sans merci de Châteaubriand, il est avec lui dans ses aspirations généreuses et ses revendications.

Le Victor Hugo des Odes et Ballades, des Orientales et des

sur Voltaire à propos du Centenaire et des statues que la République lui prépare. Après avoir indiqué, avec textes à l'appui, que Voltaire n'a eu que du mépris pour le peuple, qu'il a encensé les souverains les plus absolus, qu'il s'est agenouillé devant Mme de Prie, Mme de Pompadour et la Du Barry, il cite les honteuses lettres à Frédéric après Rosbach, et il ajoute : « Voltaire s'est réjoui des désastres de la France, du triomphe des Prussiens. »

Feuilles d'Automne, l'a séduit et le séduira toujours. Mais déjà, malgré *Hernani* que le jeune étudiant a soutenu de ses applaudissements frénétiques à la première représentation et qui lui inspira « un hymne d'enthousiasme inséré dans la *Silhouette* (1), » il a entrevu la voie fatale dans laquelle *Marion Delorme*, le *Roi s'amuse* et de trop fréquentes pages de *Notre Dame de Paris* entraîneront l'enfant sublime émancipé. Il souffre de le voir flattant de mauvaises passions populaires et renier déjà les plus pures inspirations de son génie. Peut-être le causeur des *Samedis* n'a-t-il pas assez goûté ses dernières lueurs encore superbes dans des parties des *Contemplations* et de la *Légende des Siècles*. Mais il signalera avec tristesse l'abîme qui sépare l'*Ane, les Quatre vents de l'Esprit, Torquemada, Religion et Religions*, des admirables œuvres de sa jeunesse.

Le premier, il aura le courage de protester au nom du goût contre ses principes religieux et sociaux, et de gémir sur la décadence sénile d'Olympio. Avant de mourir, il a pu voir qu'au milieu des vapeurs d'encens dont on enivrait cette tête puissante mais affaiblie, il avait devancé le jugement que la postérité consacrera. Ceux-là même qui par leurs flatteries exagérées simulaient l'enthousiasme autour de Victor Hugo vieilli, et voulaient lui donner l'illusion d'une gloire nouvelle, aujourd'hui que le Maître est mort ratifient l'appréciation de M. de Pontmartin.

Lamartine a conquis pour toujours l'esprit et le cœur de son jeune admirateur. L'attraction qui l'a entraîné vers le chantre des *Méditations* résistera au choc de tous les évènements postérieurs qui pourraient le détacher. *L'Histoire des Girondins*, 1848, blesseront vivement l'ami fidèle dans ses

(1) Souvenirs de Jeunesse — *Gazette de France*, 7 janvier 1882.

convictions politiques si chères, mais la plaie sera bientôt cicatrisée ; il pardonnera, sans les justifier, les défaillances de l'homme politique, et il rendra au cygne frappé par la disgrâce et l'infortune les mêmes hommages, en y ajoutant un sentiment nouveau de pitié attendrie. Pour M. de Pontmartin, Lamartine reste le plus grand poète du siècle.

La poétique de l'auteur des Causeries se résume en deux mots : *Sursum corda*. Aussi, chaque fois que la religion, la morale seront outragées, il oubliera les séductions du talent, les magies du style pour protester contre l'abus des dons de Dieu. Chez George Sand, il reconnaissait une puissante imagination et un écrivain de premier ordre. Plus ils étaient éloquents, plus les sophismes de cette femme dévoyée étaient dangereux. Il n'hésita pas à la condamner. Au milieu des scènes étranges où la passion ne gardait plus de retenue, où le devoir était toujours sacrifié sous des dehors séduisants, il avait entrevu le rayon pur glissant parfois au travers des brumes malsaines. Aussi, quand *Lélia* devenue plus sage sembla regretter, dans ses admirables idylles berrichonnes, ses divagations sacrilèges et ses rêveries humanitaires, M. de Pontmartin sut gré à George Sand de lui avoir permis de l'admirer sans réticence et sans scrupules. Il ne fut implacable que pour l'*Histoire de ma vie*, et sa *Correspondance*, publiée après sa mort. Il les trouvait sans intérêt et y cherchait vainement le rayon.

Il a un des premiers marqué l'influence funeste que Balzac allait exercer sur la nouvelle génération littéraire, en constatant la puissance de ce *génie mal équilibré dont le cerveau en fusion ne se lasse pas de produire des figures vivantes* (1) ; il prévoit les fils dans l'ancêtre du réalisme,

(1) *Gazette de France*, 22 mai 1880.

et signale avec terreur l'arrivée du naturalisme qui vient détruire l'art et la morale. Flaubert, dont il conteste le talent (singulièrement exagéré d'ailleurs), Zola, avec ses facultés maîtresses qu'il ne méconnaît pas, en déplorant l'usage qu'il en fait, lui font regretter la puissance des créations de Balzac où du moins l'idéal et l'âme apparaissent encore.

Un article publié par l'*Assemblée Nationale*, en 1855, souleva contre le causeur des *Samedis* une tempête dans les bureaux de rédaction des feuilles officieuses et voltairiennes d'alors. Haro ! sur le clérical, cria-t-on, sur l'intolérant, sur l'inquisiteur qui insultait un de leurs dieux, Béranger. L'article n'était pas nouveau, quatre ans plus tôt il avait paru dans l'*Opinion publique*. Personne ne réclama en 1851. Sainte-Beuve ne provoqua pas ces colères lorsque, dans le *Constitutionnel* du 15 juillet 1850, il avait descendu la statue du piédestal, et sans lui donner le coup de grâce, il l'avait quelque peu réduite à de moindres proportions. Qui avait raison, en 1855, de la presse officieuse ou de M. de Pontmartin ? Après 35 ans, la popularité de Béranger qu'est-elle devenue ? Ses chansons purement politiques, on les a oubliées. Qui les fredonne ? Quelques lettrés d'antan. Celles qu'on devrait chanter et qui gardent un vrai souffle de saine poésie, quelques autres plus rares, d'un patriotisme sincère, sans alliage de passions anti-religieuses, on ne les chante plus.

*Parlera-t-on de sa gloire*
*Sous le chaume bien longtemps ?*

Non, et Lisette aujourd'hui n'est pas seulement vieillie, elle a vécu. L'éclat de cette muse du chansonnier, autrefois si célèbre, a brillé une dernière fois le jour où Napoléon III fit faire à Béranger de si splendides funérailles. Était-on de bonne foi en déchainant contre l'auteur de cet article tant de passions haineuses ! Cet inquisiteur, nous connaissons déjà son royalisme si libéral sous la Restauration, et ses sympathies pour la politique de Châteaubriand disgracié.

S'est-il départi de ses idées de tolérance religieuse? « La « congrégation, écrira-t-il encore dans ses *Nouveaux Samedis* (1), existait si bien (vers la fin du règne de Charles X) « qu'elle a été particulièrement funeste à la Monarchie.... ; « elle nous apparaissait comme le symbole de la fâcheuse « alliance entre le trône et l'autel. » M. de Pontmartin désire la liberté qui assure l'expansion sans entraves à la religion : elle est préférable, selon lui, à la simple protection, au bon plaisir d'un pouvoir même honnête et bienveillant.

Pourquoi se méfier de la liberté religieuse? N'est-elle pas la sauvegarde la plus sûre des libertés publiques. Vis-à-vis du pouvoir lui-même, la Religion, la meilleure école de respect.

Les sympathies du critique des *Samedis* sont acquises aux grandes figures du monde politique qu'il a combattu. Il parlera sans rancune, avec une haute impartialité, en termes élogieux de ceux qui illustrèrent et la Sorbonne, et le Pouvoir, après 1830, de Guizot, de Villemain, de Cousin (avec quelque malice toutefois sur le *Grand Cyrus* de ce dernier). Les pages réservées aux deux ducs de Broglie sont inspirées par le même sentiment. A propos de Guizot, loin de se ressouvenir des *Flétris* (et un des meilleurs amis de M. de Pontmartin, le baron de Larcy en était un), il n'hésite pas à rompre tout rapport intime avec la famille d'un poète provençal, académicien, son vieux camarade de lettres, parce qu'il ne parvient pas à faire effacer d'un volume posthume deux vers qui outrageaient l'ancien ministre du roi Louis-

(1) *Nouveaux Samedis*, 6e série, page 327.

Philippe. C'était, paraît-il, un léger sacrifice réclamé, car les deux vers ne valaient rien.

Ces allures caressantes n'avaient pas pour mobile, quoi qu'on en ait dit, une arrière-pensée académique, car M. de Pontmartin a persisté à juger ces grandes illustrations politiques et littéraires aussi favorablement, quand la mort les a frappées.

Si notre écrivain légitimiste est si équitable, si bienveillant envers d'anciens adversaires, quelle ne sera pas son admiration pour l'orateur illustre qui représentait avec tant d'autorité le parti auquel l'auteur des *Samedis* était attaché de tout cœur. Nous avons nommé Berryer. Eh bien ! non. M. de Pontmartin ne l'admire pas, disons mieux, il est injuste vis-à-vis de cette grande mémoire. Et ce n'est pas chez lui une simple boutade, un égarement passager. Lui, l'impressionnable par excellence, il reconnaît bien vite l'erreur où il est tombé et la rectifie loyalement. A l'égard de Berryer, il a persisté trop longtemps, et à des reprises multipliées, dans son appréciation non justifiée qui tend, non-seulement à le déprécier, mais même à le déconsidérer.

Si nous nous arrêtons sur ce regrettable incident, c'est pour que notre étude soit plus impartiale et moins incomplète. Nos éloges n'en seront pas affaiblis, ils seront plus sincères encore.

Dans une première causerie publiée après la mort de Berryer (1), plus étudiée que d'ordinaire, avec une adresse merveilleuse où le trait blessant se cache sous des fleurs, sous une forme d'apparence courtoise, le causeur énumère à plaisir les différentes circonstances, disons le mot vulgaire, les petits bonheurs qui ont grandi, selon lui, outre mesure Berryer : il le rapetisse et le dénature.

(1) 31 décembre 1868. *Nouveaux Samedis*, 6me série, page 316 et suiv.

Loin de voir en lui un lutteur convaincu, il le représente presque comme un acteur obligé de jouer un rôle. Il va jusqu'à l'accuser d'avoir par de belles mais creuses périodes endormi les ardents déterminés à agir. Enfin ses harangues si entraînantes, applaudies par ses adversaires politiques, sont d'incorrectes improvisations où le geste et l'organe ont la plus belle part. Il y découvre de vulgaires fautes de grammaire : le français de Berryer n'est pas d'un académicien. A propos des *Souvenirs*, de Mme Jaubert (1), il reproduit des confidences sur la vie privée de Berryer aggravées encore par des souvenirs personnels et par des indiscrétions nouvelles. On trouve cependant chez M. de Pontmartin, si primesautier et, disons-le, si sincère, des retours plus justes sur Berryer. Il a comme des remords sur ce qu'il a déjà dit et dira bientôt encore. Rendant compte de l'ouvrage de Mme de Janzé née Choiseul, *Berryer, souvenirs intimes* (2), il s'associe à toutes les délicates appréciations de l'admiratrice de l'orateur. Cependant ne nous fions pas trop à cette demi-conversion. Là encore Berryer est un *égoïste inconscient* : Mme de Janzé a *attrapé*, dira-t-il, *du premier coup la note juste ; elle a pétri et façonné un joli buste en pâte tendre*. Il a eu soin de rappeler les deux statues de Berryer à Paris et à Marseille. « *Elles sont très belles, mais il me faudrait faire un voyage pour aller les revoir*. » Remarquez l'antithèse du buste et des grandes statues. Il se consolera en plaçant sur son étagère le joli buste de Mme de Janzé. Quelle ironie transparente, malgré le déguisement !

Parlant avec louange du jeune et éminent auteur de l'*Histoire de la Monarchie de Juillet*, il regrette que M. Thureau-

(1) *Gazette de France* du 5 mars 1881.

(2) *Gazette de France* du 19 décembre 1881.

Dangin (1) n'ait pas été quelquefois plus méchant et qu'il n'ait *pas essayé un Berryer nouveau un peu moins conforme à nos admirations absolues et* OBLIGÉES. Mais il dépasse toute mesure dans ses *Mémoires* publiés d'abord dans le *Correspondant* (fin 1885-1886). Berryer ne fut pas un héros, dira-t-il. Il répète, sans le blâmer et sans le contredire, le mot qu'il prête à Théodore Muret : Berryer a été le mauvais génie de la Monarchie. Ce fut presque un scandale. Le *Correspondant* lui-même protesta et la publication de ses *Mémoires* dut être suspendue dans cette revue. M. de Pontmartin, si dilettante d'art, fait un crime à Berryer de s'être plu dans la société intime d'Eugène Delacroix (parent de Berryer), de Rossini, de Musset et de Chopin, et d'avoir écouté avec trop de plaisir et Lablache et les duos de la *Sonnambula*, chantés par la comtesse de Vergennes et le prince de Belgiojoso. Est-ce sérieux ? Pourquoi tant d'acrimonie, tant de fiel ?

Comme dans les *Jeudis de Mme Charbonneau* dont nous allons parler, avec sa franchise et sa sincérité un peu trop vive, il nous dira lui-même, sans que nous ayons besoin de recourir aux confidences de ses amis, la cause de tant d'aveuglement. Berryer ne l'a pas remercié de l'envoi d'une brochure où il avait réuni les articles chaleureux, écrits pour faire triompher sa candidature. Par deux fois, peut-être trois, Berryer dans un salon entouré de célébrités qui le captivaient, ne lui a pas dit un mot obligeant, il ne l'a même pas reconnu. Mais nous n'aurions pas M. de Pontmartin tout entier, si nous n'ajoutions qu'il n'est pas mort dans l'impénitence finale vis-à-vis de l'illustre orateur. Il a rétracté dans le *Correspondant* ses jugements passionnés, et l'amende honorable

(1) *Gazette de France* du 2 août 1884.

a été complète et sans arrière-pensée (1). L'été dernier, en écrivant sous les ombrages de son château des Angles cette éloquente réparation où il fait son *mea culpa* et toute sa confession à ce sujet avec une candeur qui désarme, M. de Pontmartin redisait l'âme émue, s'il ne les fredonnait plus, ces deux jolis vers de *Joconde* si rehaussés par la fraîche mélodie de Nicolo aux sons de laquelle nos mères nous ont bercés et que Faure chantait si bien, il y a trente ans, à l'Opéra-Comique :

*Oui, l'on revient toujours*
*A ses premiers amours.*

Il a fait de rares et rapides excursions dans nos deux derniers siècles littéraires. Ses préférences ne sont pas pour le siècle de Voltaire et de Jean-Jacques. Signalons pourtant des esquisses charmantes sur l'abbé Galiani, sur Mme d'Épinay et les femmes philosophes du XVIIIe siècle, à propos du livre de M. de Lescure, sur le cardinal de Bernis. Mais le Grand Siècle dont il goûte toutes les beautés, Boileau toujours excepté, pourquoi s'est-il borné à lui rendre hommage incidemment et à propos d'ouvrages contemporains ? Ses belles études sur *Mme de Longueville* et les autres héroïnes de M. Cousin indiquent assez qu'il était de taille à bien juger ce temps-là. Pourquoi n'a-t-il pas saisi plus souvent

(1) Voir le *Correspondant* du 25 juillet 1889, page 278, article sur Edmond Biré. N'omettons pas aussi d'indiquer à sa décharge qu'à la veille de la mort de Berryer (novembre 1868), il ne se souvenait pas des blessures bien légères qu'il croyait avoir reçues de l'illustre orateur : il laissait échapper une note d'autant plus vraie et mieux sentie qu'elle était spontanée et non commandée par les exigences de son sujet. A propos de *Gœthe* et de *Laprade*, il trace ces lignes : « Aux moments où nous sommes profondément tristes, où nous *tremblons* pour d'illustres malades. » (Rossini et Berryer). — Voir *Nouveaux Samedis*, 6e série, page 241. — On ne tremble que pour ceux qu'on aime.

l'occasion que lui fournissaient les nouvelles éditions de nos grands maîtres pour continuer l'examen qu'il avait tenté à vingt ans, lorsqu'il s'essayait à publier dans le *Petit Plutarque Français* deux notices sur Corneille et Lafontaine. Ne le chicanons pas outre mesure là-dessus. S'il sait bien que les lettres sont l'esprit humain lui-même, il n'a pas prétendu faire la synthèse de toutes les manifestations de l'esprit. Il pense comme Villemain et la nouvelle école critique, que la littérature est l'expression de la société ; mais *causeur* avant tout, il restreint sa tache à la littérature de nos jours et à la société actuelle. Le champ est déjà bien vaste et il l'a vaillamment parcouru. Si le Roman occupe une trop large place dans ses œuvres de critique, c'est plus la faute de son temps que la sienne, car le roman à l'heure actuelle s'est fait la part du lion. Ses préférences sur ce point sont acquises à Jules Sandeau, à Octave Feuillet, à Ludovic Halévy pour *L'abbé Constantin.* Il retrouve chez ces conteurs l'idéal qu'il a poursuivi lui-même dans ses créations en ce genre. Il dira même, en parlant de l'auteur de la *Veuve,* « que ces délicieux récits sont pour le vieux critique quelque chose comme une revanche personnelle (1). »

Il encourage généreusement les jeunes talents et signale avec bienveillance les poètes qui s'annoncent par des essais heureux et qui luttent avec honneur contre le matérialisme, cet ennemi de toute vraie poésie. Il a reconnu qu'il avait, au début de sa carrière, un peu sacrifié à la camaraderie, et regretté sa trop grande indulgence pour Murger et d'autres encore. Il s'est corrigé depuis. Un seul exemple l'indiquera.

Mme Augustus Craven, née de la Ferronnays, dont les *Récits d'une sœur* ont ému, il y a plus de vingt ans, tous

(1) SEMAINES LITTÉRAIRES, *Gazette de France* du 9 février 1884.

les esprits délicats, a publié postérieurement, dans le *Correspondant*, plusieurs romans qui, sans avoir le retentissement du premier ouvrage, ont mérité l'approbation des gens de goût. Le comte de Pontmartin appartient au monde de Madame Craven ; ils ont eu tous les deux d'illustres amis communs (nommons seulement le comte de Montalembert), leurs croyances religieuses et politiques les rapprochent encore. Dans leurs récits d'imagination, ils aiment également à peindre le milieu aristocratique. Ils ont comme écrivains, dans le style, des allures peu différentes, avec plus de délicatesse toutefois chez Madame Craven. Le but moral les excite et les guide ; ils veulent purifier le goût et élever l'âme ; ils collaborent au *Correspondant*, et souvent leurs deux noms se rencontrent sur le frontispice d'une même livraison.

Quelle aubaine pour M. de Pontmartin de reconnaître le mérite de l'auteur d'*Anne Severin* et d'*Eliane* et d'applaudir à ses créations. Détrompez-vous. Le causeur des *Samedis* dissèque le style de sa collaboratrice, il relève des répétitions de mots, critique sévèrement et l'ordonnance de l'action et les caractères. Rappelant (avec un reste d'amertume) le jugement porté par Sainte-Beuve sur ses propres écrits, à propos d'une de ses nouvelles, *Aurélie*, il dira : « Il y a dans les « récits de Mme Craven du convenu, du parti-pris aristocra- « tique, catholique et, comme dirait Sainte-Beuve, sacer- « dotal et féodal (1). » C'est de l'impartialité à outrance, et dans les choses de goût, il faudrait éviter l'excès.

Loin d'être indifférent au mouvement dramatique contemporain, il en suit avec intérêt les différentes péripéties. Quoique la critique théâtrale ne fut pas, dans l'*Assemblée Nationale* et dans la *Gazette de France*, de son domaine, il a su heureusement et à propos de pièces jouées sur nos

(1) SEMAINES LITTÉRAIRES, *Gazette de France* du 25 mars 1882.

scènes littéraires, ne pas se retrancher exclusivement dans ses attributions spéciales (1). Là encore il parle avec compétence et autorité ; il applaudit au talent, mais il fait des réserves sévères et justifiées sur la nature des sujets et sur la façon moins morale encore de les exposer. L'invasion du *Vaudeville*, du *Gymnase*, des *Français* par la courtisane l'écœure et le contriste. Il gémit d'assister « à ces peintures de « mauvaises mœurs et d'existences déclassées, » et surtout de voir la bonne compagnie, les honnêtes gens et les hauts fonctionnaires de l'État, « ayant l'air d'encourager de leur « présence la représentation de ces pièces pétries de scandale « et de vice. » Il écrit ces lignes pendant le siège de Sébastopol, et il ajoute avec un accent vibrant et patriotique : « Que les vainqueurs de Rocroy pleuraient aux vers du « grand Corneille et que les prouesses de Marguerite Gautier, « de Suzanne d'Ange et d'Olympe sont les seuls échos dra- « matiques qui répondent aux glorieux efforts de nos braves « soldats d'Orient. » Il constate l'effet direct sur les mœurs de ces spectacles, où la femme perdue est l'héroïne et l'objet de l'intérêt, et presque des hommages d'un public inconscient. Sa causerie de 1855 porte pour titre : *Décadence du théâtre, théâtre de la décadence*. Depuis 1855, quel chemin n'avons-nous pas fait encore dans cette direction.

En parcourant les Causeries on est frappé de trouver dans le même volume, avec la verve de tous les jours, une différence sensible dans le ton, dans l'expression sinon dans le fond des idées. La modération n'est pas la vertu dominante

(1) Voir notamment l'*Assemblée Nationale* du 7 septembre 1855, à propos du *Demi-Monde* et du *Mariage d'Olympe* ; cet article a été inséré dans le volume des *Dernières causeries littéraires*, page 394. Voir aussi *Causeries littéraires*, page 339, la *Société* et le *Théâtre*, et l'article du 25 mars 1888 (*Nouveaux Samedis*, 6e série, page 1 et suiv.), sur *Paul Forestier*.

du causeur : il est d'ordinaire tout d'une pièce, il a trop de feu et de jeunesse ; beau défaut, surtout à 80 ans. Pourtant, certaine de ses études est plus modérée, moins agressive, plus méditée. Ces articles-là, soyez-en sûrs, n'ont pas paru dans le journal du samedi. Au journal, on peut être impunément, on doit même être batailleur, dans le bon sens du mot. Mais la Revue, et la *Revue des Deux-Mondes* en particulier, exigent plus de réserve, plus de prudence. On sera même quelque peu diplomate ; cela sera difficile pour M. de Pontmartin, mais avec sa souplesse d'esprit et de l'application, il atteindra le but.

Dans ses rapports publics ou privés avec les gens de lettres, il s'était montré correct et courtois. Bienveillant, gracieux et chevaleresque avec ses confrères qu'il voyait plus souvent, il avait même oublié, en vivant ensemble, un peu de cette allure aristocratique qui n'était pas du dédain chez lui, mais qui dénotait le gentilhomme. Sur cette scène où il voulait avoir sa place et son rang, il crut voir qu'on le traitait en *intrus*. Des piqûres légères le blessèrent d'abord, des égratignures trop saignantes à ses yeux le surexcitèrent, enfin l'ingratitude de ceux qu'il avait obligés, d'odieuses calomnies lui firent perdre la tête, mais non l'esprit. De là, *les Jeudis de Madame Charbonneau*. Il y brûle ce qu'il avait adoré et découvre à nu les plaies du monde qui l'avait séduit. Il dévoile avec éloquence, avec du fiel mêlé à l'ironie, les travers, les misères des coulisses littéraires, flagelle ses compagnons de la veille et n'épargne même pas ses amis. L'évènement fut d'autant plus retentissant que par un scrupule d'honnêteté, mais cette fois trop brutale, M. de Pontmartin avait livré lui-même la clé des noms de tous les auteurs. Il a regretté plus tard cet accès trop vif de susceptibilité et de colère.

Pour nous, ne regrettons pas cette mutinerie d'enfant

terriblement spirituel. Jamais le causeur ne se livra avec plus de lyrisme à sa verve dédaigneuse et mordante, jamais avec autant d'entrain et de fougue, il ne parla mieux le langage acéré de la satire et aussi celui plus fin de la bonne et haute comédie.

Le temps me presse. Indiquons en passant l'attitude de M. de Pontmartin vis-à-vis de l'Académie Française. Il était digne d'y aspirer, et il y aspira, je crois, *in petto* pendant quelques années, sans poser sa candidature. On connait là-dessus son mot bien fin à ses amis immortels qui l'engageaient à se présenter : « Il me manquera toujours ma voix. » L'organe de M. de Pontmartin était, en effet, le contraire de la voix sonore et retentissante de Berryer. Il attendait une occasion favorable, et il aurait pu la faire naître lui-même. A ce moment l'Académie était pour lui bien légitimement la terre promise. Plus tard, il y renonça. Sa noble ambition n'eut pas à souffrir d'un refus : elle s'évanouit par suite de mécomptes et de déceptions ; la terre promise devenait ainsi pour lui le paradis perdu, entrevu un instant, mais qu'il n'avait pas osé conquérir de haute lutte, comprenant bien qu'on peut pardonner des attaques et des blessures personnelles ; les oublier, c'est différent. Cette nature impressionnable ne ressentit jamais la jalousie. Pourtant, après qu'il eût dit adieu à ses rêves d'Institut, il ne put s'empêcher de laisser entrevoir certain dépit (on le lisait entre les lignes), de voir triompher des candidatures ou peu justifiées ou prématurées à ses yeux.

Roumanille et Mistral (Aubanel s'il vivait encore s'associerait, j'en suis sûr, à leur sentiment), et avec eux tous les amis de la littérature provençale doivent garder à notre auteur un souvenir bien reconnaissant de la part considérable qu'il eut à l'expansion de la Renaissance des Félibres. Un des premiers, il entretint les nombreux lecteurs de la *Revue des Deux-Mondes* du haut mérite des poètes, ses compatriotes, et de la valeur de leurs œuvres. Si Lamartine avait révélé Mistral, M. de Pontmartin fit connaître Roumanille au monde lettré, d'ordinaire si indifférent et si dédaigneux pour ce qui vient de la province, et n'a pas encore été consacré par l'opinion parisienne. Tous les ans, la *Gazette de France*, par son organe, rendait compte de l'*Armana*. Le critique infatigable montrait avec autorité le contraste de la littérature provençale, saine, originale, vigoureuse et vivifiante avec le matérialisme et l'immoralité toujours croissante des lettres à Paris. Il admire, avant l'Académie Française, les magistrales inspirations de *Nerto*, cette sœur de *Mircio* aussi séduisante que son aînée. Il traduisait en vers français, aisés, faciles et fidèles ces perles provençales de l'*Armana* signées Rose-Anaïs Roumanille, qui semblent détachées de l'écrin de Reboul, j'allais dire de Roumanille, mais je ne veux pas blesser la modestie de ce poétique ménage. Il essayait de rendre avec sa prose colorée et pittoresque le charme inimitable des contes provençaux du mari de Rose-Anaïs. Exilé volontaire de Paris, regrettant souvent la grande ville, il l'oubliait dans la librairie de son cher Rouma *en* Avignon : il ne la regrettait plus, quand il allait déjeûner à la Barthelasse entre Mistral et son vieil ami. Ces réunions intimes le vengeaient des succulents repas de chez Bignon ou du café Riche, où il avait trop bien traité ses spirituels confrères parisiens.

Il nous est impossible, dans cette étude déjà trop longue, d'examiner ses *Nouvelles*, ses *Romans*. Bornons-nous à dire que les boutades de l'auteur des *Jeudis* ont nui au succès de ses récits. Cependant ils ont une valeur réelle et témoignent de sérieuses qualités d'observation, d'analyse et de fine psychologie, et de beaucoup de pénétration. En comparant ses divers travaux, on sent que les *Samedis*, en dehors des articles de Revue, ont été écrits le plus souvent au courant de la plume.

Ses contes, ses nouvelles, ses romans dénotent une application plus sérieuse. Il les a conçus avec la préoccupation d'un auteur qui veut réussir et qui se relit avant d'envoyer la copie à l'éditeur. M. de Pontmartin avait pour ce genre de compositions un attrait particulier : il sentait en lui, malgré la résistance d'un certain public, une vocation de romancier. Telles de ses nouvelles pourraient être signées Sandeau ou Musset, non qu'il copie la manière de ces esprits d'élite ; mais avec un cachet original, il arrive à produire le même charme.

Les *Brûleurs de Temples* qu'il publia successivement sous des titres différents (1), comme pour protester contre l'indifférence des lecteurs, est une œuvre maîtresse qui peut se placer à côté des meilleurs romans de Balzac, tant la scène s'est agrandie, les caractères sont fortement tracés et développés, tant ils vivent. C'est un tableau vigoureux de la société au moment de nos bouleversements politiques. M. de Pontmartin, si romantique, si idéaliste, a pris à l'école réaliste ceux de ses éléments qui s'harmonisent avec l'art et l'honnêteté. Il en résulte une œuvre singulièrement attachante. Dans ses romans comme dans sa critique, c'est toujours l'écrivain luttant pour relever ce qui s'effondre, le beau, le vrai, la vertu et le goût.

Dirons-nous que ses efforts ont été stériles et que notre

(1) Ce roman publié en feuilleton dans l'*Assemblée Nationale* (1855) sous le titre : *Les deux Erostrates*, parut chez Michel Levy en 1857, intitulé : *Pourquoi je reste à la campagne*. Enfin, en 1863, M. de Pontmartin revint à l'idée du titre primitif, en le modifiant quelque peu : *Les Brûleurs de Temples*.

auteur a succombé à la peine, sans résultats? Il n'a jamais fait partie du cortège des triomphateurs, mais il est mort sur la brèche noblement. Son œuvre ne périra pas tout entière. Le charme et l'intérêt n'ont pas disparu, même de ses plus anciennes causeries; elles n'ont pas subi les injures du temps. Ce qu'il a dit en faveur des saines doctrines religieuses, sociales et littéraires survivra. Si, sur le terrain politique, il est resté le fidèle d'une époque disparue, il a pu, en mourant, se rappeler que dans notre pays si mobile d'impressions, tout peut revenir encore de ce qu'il aima et de ce qu'il défendit. Notre histoire contemporaine ne l'a-t-elle pas prouvé déjà ?

N'oublions pas, en terminant, de rappeler qu'il n'a cessé de protester énergiquement contre les récentes atteintes portées à la liberté religieuse. Sans être infidèle à ses convictions politiques, il a salué avec respect toutes les majestés déchues et parlé avec émotion, sans acception de parti, de toutes les grandes infortunes.

M. le comte Armand de Pontmartin est un brillant représentant de nos vieilles traditions nationales, épris d'un même amour pour nos gloires modernes. La figure est bien originale. C'est un sincère, un honnête homme, dilettante de la poésie et de l'art, un écrivain d'un haut mérite, d'un tempérament généreux quoique un peu irritable, mieux que cela encore, c'est un caractère.

www.ingramcontent.com/pod-product-compliance
Ingram Content Group UK Ltd.
Pitfield, Milton Keynes, MK11 3LW, UK
UKHW022146260726
13993UKWH00005B/2185

9 782329 577241